QUÉBEC NOSTALGIE

Also by
Aussi par Bobby Atkinson
Québec, Mon Amour

QUÉBEC NOSTALGIE

Sketches by
Croquis par **BOBBY ATKINSON**

Text:
Texte: Catherine Ekers

Translation:
Traduction: Yolande Dussault

COLLINS PUBLISHERS Toronto, 1976

© Barbara Atkinson 1976
ISBN 0 00 211617 0

Wm Collins Sons & Co. Canada Ltd.
100 Lesmill Road, Don Mills, Ontario

CONTENTS
TABLE DES MATIÈRES

1

Sugar Shack, Saint-Janvier

One of the most delightful contributions of the North American Indian to our civilization is the art of making maple sugar. As early as 1600, Jesuit missionaries came upon Indians making sugar in a crude, but ingenious manner. The tree trunk was gashed by a tomahawk, then a wooden chip was inserted to carry the sap into birch bark receptacles on the ground.

Thomas Need writes that in 1835 . . . 'the girls busied themselves, while lords and masters were idling about carelessly or looking on, as they (men) do not assist in the labour, neither do they share in the profits, which is looked on as petty pin-money for the ladies of the bush.' Fur traders and voyageurs required large quantities of maple sugar, as they consumed up to a pound a day during their long and arduous treks through the forests.

Today, the ancient art of sugaring is done in shiny pre-fabs on oil-fired stoves, and weathered old 'working' shacks like this one in Saint-Janvier are increasingly hard to find.

La cabane à sucre, Saint-Janvier

L'une des plus délicieuses contributions des Indiens d'Amérique du Nord à notre patrimoine culinaire est sans doute l'art de fabriquer le sirop d'érable. Dès 1600, les missionnaires jésuites virent les Indiens fabriquer le sirop d'érable de façon primitive, mais ingénieuse. Le tronc de l'arbre était alors entaillé au tomahawk, puis un éclat de bois était inséré pour recueillir la sève dans un récipient fait d'écorce de bouleau qui reposait sur le sol.

Thomas Need écrit à propos des sucres qu'en 1835 . . . «C'était l'affaire des femmes. Les hommes, maîtres et seigneurs, les regardaient travailler, parce que les hommes ne participaient pas à cette tâche, pas plus qu'aux profits qui étaient considérés comme de l'argent de poche pour les femmes.» Les trappeurs et les voyageurs consommaient de grandes quantités de sucre d'érable, jusqu'à une livre par jour, durant leurs longs et périlleux voyages à travers la forêt.

De nos jours, on fait les sucres dans des cabanes en pré-fabriqué, sur des feux alimentés à l'huile et les vieilles cabanes à sucre comme celle de Saint-Janvier se font de plus en plus rares.

ST. JANVIER, Que.

Bobby Atkinson

7

Terrebonne Church

Situated ten miles north east of Montreal, Terrebonne was once the richest seigniory in New France. Founded in 1673, it 'boomed' under the guidance of one of the most remarkable men in the French régime, Abbé Louis Lepage. He opened roads, built bridges, established a new flour mill, sawmill, grist mill and bakery. When the Abbé sold Terrebonne, it brought the highest price of any seigniory at that time.

The last seigneur, Joseph Masson, acquired it in 1832, and as a cloth merchant and importer, became the first French Canadian millionaire. The majestic spire of the 1878 church towers over a cluster of small houses, dominating the town which will soon be a suburb of Montreal.

L'église de Terrebonne

Située à dix milles au nord-est de Montréal, Terrebonne a été l'une des plus riches seigneuries de la Nouvelle-France. Fondée en 1673, elle se développa rapidement grâce aux initiatives de l'un des hommes les plus remarquables du régime français, l'abbé Louis Lepage. Il ouvrit des routes, construisit des ponts, installa un nouveau moulin à farine, une scierie, un moulin à blé et une boulangerie. Lorsque l'abbé Lepage vendit la seigneurie de Terrebonne, il en obtint le prix le plus élevé payé à l'époque.

Le dernier seigneur, Joseph Masson, l'acquit en 1832. Négociant en draps et importateur, il devint le premier millionnaire canadien-français. La flèche majestueuse de l'église, construite en 1878, domine un pâté de petites maisons et toute la ville qui est presque devenue aujourd'hui une banlieue de Montréal.

TERREBONNE, P.Q.

Bobby Atkinson '72

9

3

Terrebonne

Towards the end of the 18th century, the Northwest Company set up a trading post for furs in Terrebonne. Several well preserved houses date back to that time. This one is a typical example of many dotted along the river bank, overlooking the turbulent Mille-Iles Rapids. A slow drive around the area reveals fine examples of old French Canadian houses and barns, intact and lived-in, each one a vivid reminder of Terrebonne's geographic and economic importance two centuries ago.

Terrebonne

Vers la fin du 18e siècle, la compagnie Northwest installa un poste de traite de la fourrure à Terrebonne. Plusieurs maisons bien conservées datent de cette époque. Cette vieille maison grise n'est que l'une des nombreuses maisons anciennes qui parsèment les rives de la rivière, surplombant les tumultueux rapides des Mille-Iles. En parcourant attentivement la région, on découvre plusieurs beaux exemples de maisons et de fermes québécoises, intactes et habitées, qui rappellent le passé historique de Terrebonne.

TERREBONNE, P.Q.

Bobby Atkinson '78

11

Hamilton Farm (cover)

Through the open barn door, a rare glimpse of the truly classic French stone farmhouse; its walls over thirty inches thick at ground level, tapering to eighteen inches at the eaves. Said to have been built in 1796, it was purchased a hundred years later by the Hamilton family from an Englishman named Withers. Some sources claim the area was named Rosemere after the Withers estate in England.

La ferme Hamilton (page couverture)

A travers la porte ouverte de la remise, on aperçoit une maison de ferme en pierre, un exemple classique d'architecture française. Ses murs ont trente pouces d'épaisseur au niveau du sol, allant en s'amincissant jusqu'à dix-huit pouces sous l'égout. On dit qu'elle a été construite en 1796. Cent ans plus tard, la famille Hamilton l'achetait d'un Anglais nommé Withers. Plusieurs sources indiquent que cette région a été nommée Rosemere d'après le nom du domaine appartenant à Withers en Angleterre.

Hamilton Farm, Rosemere Que.

Bobby Atkinson

13

5

Hamilton Express Wagon, Rosemere

Viewed from the other side, a close-up of the old wagon asleep at the barn door. What the artist calls a hay wagon is actually the more compact 'express' wagon, formerly used for carting milk to the dairy, or small goods back to the farm from the village.

La voiture des Hamilton, Rosemere

Vue de l'arrière, un gros plan de la vieille voiture dans la remise. Ce que l'artiste appelle une charrette à foin est en réalité une voiture plus compacte qui servait autrefois à transporter le lait à la laiterie, ou encore des marchandises et des produits du village à la ferme.

HAMILTON'S HAY WAGON, Rosemere. Que.

Bobby Atkinson

Saint-Paul St. looking East, Montreal

Montreal's most ancient street, and the richest in its history. In 1645, a simple country lane where settlers' animals graze peacefully along its verdant, 40-acre length. The years pass, and this becomes the town's most elegant area, where prosperous merchants reside above their stores. In the 1800's, the street's two luxurious hotels, The Mansion House and Rasco's, welcome international dignitaries and celebrities, including Charles Dickens.

The spire belongs to the little sailor's church of Notre Dame de Bonsecours, dating from 1657, the whole present structure to 1772. Legend says the statue of the Virgin originally faced the land, but miraculously turned on its pivot to bless the men of the sea.

Rue Saint-Paul, vue de l'ouest, Montréal

C'est la rue la plus ancienne de Montréal et la plus riche en histoire. En 1645, c'était un petit chemin de campagne reliant le fort à l'ancien Hôtel-Dieu. A cette époque, Montréal n'était qu'un village de cinquante maisons qui comptait cent soixante habitants. Cinquante ans plus tard, c'était devenu le quartier le plus élégant de la ville.

Au début des années 1800, les deux hôtels de la rue, le Mansion House et le Rasco, accueillaient plusieurs célébrités dont Georges-Etienne Cartier et Charles Dickens.

Le clocher que l'on voit est celui de la petite chapelle de Notre-Dame-de-Bonsecours dont les fondations datent de 1657 et la structure actuelle, de 1772. On raconte que la statue de la vierge tourna miraculeusement son visage vers le fleuve pour protéger les marins.

ST. PAUL STREET
MONTREAL, P.Q.

Bobby Atkinson '71

17

7

Place Jacques-Cartier, Montreal

This historic square has worn many faces, played many roles during its long, and sometimes turbulent life. Three centuries ago, Place Jacques-Cartier is made up of two tiny streets, Saint-Charles and de la Fabrique, where farmers, fishmongers, charlatans, merchants, songsters and bakers vie for the attention of passersby. A modest Jesuit chapel occupies the site of today's imposing Nelson Column, completed in 1809, the oldest monument standing in Montreal today.

In 1845, the impressive new Bonsecours Market is completed, and the square as we now know it, takes shape. Towards the end of the 19th century, audacious Montrealers thrill to the perilous Jacques-Cartier slide, their toboggans hurtling onto the white frozen St. Lawrence river at 70 miles an hour. Now, it's the 'Place' to stroll, sip, dance and sing Quebec folk songs in Old Montreal.

Place Jacques-Cartier, Montréal

Cette place historique a connu plusieurs visages au cours de sa longue vie. Il y a près de trois siècles, une petite chapelle jésuite occupait le site qu'occupe maintenant l'imposant monument Nelson terminé en 1809. En 1676, dans ses petites rues Saint-Charles et de la Fabrique, les fermiers, poissonniers, charlatans, marchands, chanteurs et boulangers se disputaient l'attention des passants.

En 1845, on décida de construire un nouveau marché plus vaste, l'impressionnant Marché Bonsecours, et la place que nous connaissons maintenant comme Place Jacques-Cartier était née. Vers la fin du 19e siècle, des Montréalais audacieux s'offraient des émotions fortes sur la périlleuse glissade à toboggan Jacques-Cartier qui descendait jusque sur la glace du fleuve Saint-Laurent. De nos jours, la Place Jacques-Cartier est un lieu de rencontre où l'on peut se promener, prendre un verre, dîner, écouter les chansonniers québécois et danser toute la nuit . . . dans les rues du Vieux Montréal.

Place Jacques-Cartier, Montreal, P.Q.

Bobby Atkinson '73

19

Saint-Sulpice St., Montreal

In this little city of stone built by French settlers, a dirt lane called Saint-Joseph, now Saint-Sulpice, is the first to cross the town's oldest street, Saint-Paul. The lane houses some illustrious residents, including Pierre LeMoyne, Sieur d'Iberville, who was born here in 1661. And this is the site of Montreal's first private school, dating to 1683.

Even after the English conquest, the French presence is felt through the vast number and awesome size of religious buildings; a monumental example, Notre Dame Church, able to accommodate more than 10,000 in 1839. One of the grandest examples of the Gothic revival in North America, it was patterned after Notre Dame in Paris and built with cut limestone from the quarries of Côte-des-Neiges.

Re-named in honour of the Gentlemen of Saint-Sulpice, former seigneurs of the Island of Montreal, the street is still dominated by the Grand Old Lady, while small restaurants and boutiques thrive in the shadow of her magnificent towers.

Rue Saint-Sulpice, Montréal

Dans cette petite ville de pierres construite par les colons français, une ruelle poussiéreuse appelée Saint-Joseph fut la première à traverser le plus vieux chemin de la ville, le chemin Saint-Paul. Des gens célèbres y ont vécu dont Pierre Le Moyne, Sieur d'Iberville, qui y est né en 1661. La ruelle Saint-Joseph fut aussi le site de la première école privée de Montréal, fondée en 1683. Elle fut rebaptisée en l'honneur des messieurs de Saint-Sulpice, anciens seigneurs de l'île de Montréal.

Même après la conquête anglaise, la présence française se manifesta par le grand nombre et l'importance des édifices religieux dont un exemple classique est l'église Notre-Dame. Réplique gothique de Notre-Dame de Paris, elle fut terminée en 1829. De 1839 à 1842, elle contenait 1,244 bancs pouvant accommoder jusqu'à 10,000 fidèles. Les pierres calcaires qui ont servi à sa construction provenaient des carrières de la Côte-des-Neiges.

Pendant de nombreuses années, ses tours (une seule est visible sur le tableau) dominaient la cité grandissante et servaient de point de repère aux voyageurs qui venaient de loin. L'église Notre-Dame reste toujours imposante au coin ouest de la rue Saint-Sulpice où il ne reste par ailleurs que des restaurants et des petites boutiques.

ST. SULPICE ST. MONTREAL, Que.

Bobby Atkinson

21

Napoléon St., Montreal

The flavours of East and West Montreal are in sharp contrast. The dividing line, Saint-Laurent Boulevard; a brawling, sprawling street, a pot-pourri of stores and restaurants catering to every race and creed. East of the Boulevard lie the predominantly French 'quartiers populaires', where dormer windows peep out of steep slate roofs; tangled phone wires make webs across green, pink, yellow balconies. Corner stores like this one, a far cry from a streamlined supermarket, offer their own special delicacies, catering to French, English and throngs of ethnic groups from around the world.

Originally called Johnson Street, Napoléon Street was re-named in 1834 by Notary Cadieux after Napoléon I of France, or after his own grandson, Guillaume-Napoléon. Typical of many streets in the area, it comes to a dead end more than once, re-emerging two or three blocks later, to the extreme frustration of inexperienced taxi drivers and unsuspecting tourists.

Rue Napoléon, Montréal

Le contraste entre l'est et l'ouest de Montréal est saisissant. La frontière géographique: le boulevard Saint-Laurent, une rue très animée où toute une variété de magasins et de restaurants répondent aux besoins de plusieurs ethnies. A l'est du boulevard, ce sont les quartiers populaires à prédominance française. Les fenêtres en mansarde surgissent sous les toits d'ardoise; les fils du téléphone tissent leur toile au-dessus des balcons peints en vert, en rose ou en jaune. Devant des magasins du coin comme celui-ci qui offrent leurs spécialités à une population variée et avertie, le vaste supermarché paraît bien anonyme.

Appelée Johnson à l'origine, la rue Napoléon fut rebaptisée en 1834 par le notaire Cadieux, d'après Napoléon ler de France ou d'après le nom de son petit-fils Guillaume-Napoléon. Comme il arrive souvent dans ce quartier, la rue Napoléon se termine plus d'une fois en cul-de-sac pour reprendre deux ou trois coins de rue plus loin, au grand désespoir du chauffeur de taxi peu familier ou du touriste qui ne se doute de rien.

Rue
NAPOLEON and du B
MONTREAL

23

10

Reflections, Coloniale Ave., Montreal

Once a fertile agricultural meadow, Coloniale is now situated in the heart of one of Montreal's highest population density areas. In 1834, Mr. Jean-Marie Cadieux had his estate sub-divided, and the street was named and laid out. The traditionally long, narrow strips of French farmland led to equally narrow building lots. These, in turn, led to the construction of houses with a communal party wall between them to save space; this also helped to cut down on fuel costs and exterior building materials.

Much of the charm of the quartier comes from the unusual lantern roofs above the entrances; contrasting façades; bulging, loggia-type balconies. This is a unique neighborhood, offering the stroller a mélange of architectural styles that reflects the strong influence of Europe on French Canada in the late nineteenth century.

Reflets, avenue Coloniale, Montréal

C'était autrefois un champ fertile . . . L'avenue Coloniale est maintenant située au coeur de Montréal, dans un quartier où la population est la plus dense. C'est en 1834 que monsieur Jean-Marie Cadieux morcela son domaine. Les rues furent alors tracées puis nommées. Les fermes françaises, traditionnellement longues et étroites, furent nécessairement divisées en lots étroits. C'est pourquoi les maisons y furent construites avec mur mitoyen, pour économiser l'espace et les matériaux de construction; cela contribuait également à réduire le coût du chauffage.

Les corniches inusitées en forme de lanternes et surplombant les entrées, les façades contrastantes et les balcons en saillie font tout le charme de ce quartier. Le promeneur curieux découvrira un mélange de styles qui reflètent l'influence de l'architecture européenne sur les Canadiens français à la fin du 19e siècle.

Reflections,
rue Coloniale, Montreal, Que.

Bobby Atkinson

25

11

Prince of Wales Terrace, Montreal

Gone. One of the city's most graceful landmarks falls victim to the bulldozer in 1971. Situated opposite the tiny settlement of Hochelaga discovered by Cartier in 1535, the Terrace was completed in 1861. Inspired by Georgian terraces in England, it was named after His Royal Highness Albert Edward, later King Edward VII.

When Montreal society moved up to Sherbrooke street, the Terrace came into its element. From its doorsteps, one had an enviable view of the Saturday meet of the exclusive Tandem Club; sumptuous sleighs drawn by spirited high-steppers in flashing harnesses; ladies wrapped in the rich, extravagant furs of Canada's forests.

Some claim that in the 1880's, this was the wealthiest residential area in the world, with the possible exception of St. Petersburg in Russia.

Rangée de maisons Prince of Wales, Montréal

Cet ensemble architectural, démoli en 1971 pour permettre à l'université McGill de s'agrandir, devait connaître sa plus grande opulence vers la moitié du 19e siècle.

Inspirées par l'architecture georgienne d'Angleterre, les maisons Prince of Wales furent ainsi nommées pour commémorer la visite à Montréal, en 1860, de celui qui devait devenir Edouard VII.

Le samedi après-midi, on pouvait voir défiler devant sa porte le Tandem Club; de somptueux traîneaux tirés par des steppeurs richement harnachés, transportant de jolies dames emmitouflées dans nos plus belles fourrures.

On prétend qu'à cette époque, seul le faste de Saint-Pétersbourg surpassait celui de ce quartier de Montréal.

PRINCE OF WALES TERRACE, Montreal, Que.

27

Ways Mills, Eastern Townships

Throughout Quebec, the standard fence in the 18th and 19th centuries was the split cedar, also known as the snake, worm or zigzag. Probably a direct descendant of the Indian hunting fence, it hemmed in animals, and held the snow in the fields until spring, when thaws nourished the land. Graceful and weathered, adding its own special charm to the countryside, the split cedar fence is now a rarity, having taken a back seat to the commonplace barbed wire fence.

Clôture de cèdre éclaté, Ways Mills, Cantons de l'Est

A travers tout le Québec, la clôture la plus courante au 18e et 19e siècle était faite en cèdre éclaté. On l'appelait vulgairement «Clôture de perche». Elle a probablement comme ancêtre la palissade de chasse des Indiens. Ce genre de clôture avait l'avantage de retenir la neige dans les champs afin qu'elle puisse nourrir la terre, au moment de la fonte des neiges. Légère et gracieuse, la clôture de cèdre éclaté est l'un des charmes du paysage de la campagne. Elle est devenue rare, ayant été remplacée par la banale clôture de fil barbelé.

Near Ways Mills, eastern townships, Que.

Bobby Atkinson 79

13

The Ramparts and Saint-Paul St., Quebec City

Quebec: from a word in the Algonquin tongue meaning the narrows of the river; where, nearby, Jacques Cartier spends an ice-bound winter in 1535; where, in 1608, Champlain founds the oldest French town in America.

Quebec: as early as 1700, like a miniature European city, its society sophisticated and polished; for 50 years, the continent's only fortified town; and fittingly, where France meets England for the final, bloody rendez-vous on the Plains of Abraham.

In this sketch, the incredible kaleidescope of the Upper and Lower Towns; narrow, brightly-hued houses huddled together against the elements, their tin roofs a protection against fire in confined spaces; the delicate spire of the ancient Jesuit Seminary, Canada's oldest teaching institution.

Quebec: an oasis of antiquity on a young continent.

Les Remparts et rue Saint-Paul, Ville de Québec

Québec, mot d'origine algonquine, signifie «la rivière qui rétrécit». C'est tout près de Québec que Jacques Cartier passa, en 1535, un long hiver solitaire, sa flotte étant prise dans les glaces; c'est là qu'en 1608, Samuel de Champlain fonda la plus vieille ville française en Amérique.

Dès 1700, Québec ressemblait à une petite ville européenne; la société y était raffinée et cultivée. Pendant cinquante ans, elle restera la seule ville fortifiée du continent. C'est ici que se produisit l'affrontement final entre la France et l'Angleterre dans la sanglante bataille des Plaines d'Abraham.

Dans ce tableau, Bobby Atkinson capte l'impression de kaléidoscope créée par les maisons aux couleurs brillantes de la haute et de la basse ville. Le haut du tableau reproduit les murs des vieux remparts, la haute ville et le clocher du magnifique Séminaire des Jésuites, la plus vieille maison d'enseignement du Canada.

Québec possède le plus grand nombre de souvenirs anciens de notre jeune continent.

The Ramparts & St. Paul St., Quebec City

Mountain Hill, Quebec City

Côte de la Montagne, or Mountain Hill, sketched from the site of the original Prescott Gate in the Upper Town. Picture the earliest settlers slowly climbing this tortuous ravine from the Lower Town, their backs and carts laden with goods and chattels. Circuitous and steep, the only thoroughfare available to merchants from port to market place, it bustled with activity day and night.

Half way down the hill on the right, the treacherous old Breakneck Steps led to Champlain's Church, the first in Quebec, destroyed by fire in 1629-32. Over 300 years ago, the first calèches, horse-drawn carriages, were imported from France. Charming replicas of the originals are used today to tour visitors around Quebec's hilly, serpentine streets, the narrowest of any city in North America.

Côte de la Montagne, Ville de Québec

Voici la côte de la Montagne vue de l'emplacement original de la porte Prescott, dans la haute ville. Partant de la basse ville, les premiers colons escaladaient avec beaucoup de peine ce ravin tortueux, chargés de biens et d'effets. Sinueux et à pic, c'était pour les marchands de l'époque la seule route possible pour se rendre du port à la place du marché. Ce chemin était achalandé jour et nuit.

A mi-chemin dans la côte, sur la droite, se trouve le site du sentier casse-cou qui menait à l'église Champlain, la première de Québec, qui fut détruite par le feu vers 1629-1632. Il y a plus de 300 ans, les premières calèches et les voitures tirées par des chevaux étaient importées de France. Aujourd'hui, des reproductions charmantes des calèches originales servent à promener les visiteurs à travers les rues escarpées et pittoresques, les plus étroites de toute l'Amérique du Nord.

Cote de la Montagne, Quebec City P.Q.

Bobby Atkinson

15 De la Fabrique St., Quebec City

A charming example of Quebec's star-shaped street patterns, so Parisian in character. In the 1600's, these are county lanes winding their way through forest to the small market, established in 1676. By 1842, the big, bustling market attracts crowds of carters, buyers and sellers, all bargaining brashly in French or English; squaws displaying gaudy trinkets; and Gentlemen of the British Garrison strutting about, agape at the plentiful choice of fresh-killed game, or the spectacle of pigs standing on their feet and fish standing on their heads, frozen solid.

The imposing church at the right is the massive Quebec Basilica, begun in 1647 and completed in 1925. Over 500 noteworthy French colonials are buried here, including the illustrious Frontenac.

Rue de la Fabrique, Ville de Québec

Voici un exemple intéressant de l'agencement de rues en étoile que l'on retrouve à Paris. Dans les années 1600, ils s'agissaient de routes de campagne qui, à travers la forêt, venaient aboutir sur la place importante du marché construit en 1676.

En 1842, un grand marché occupait le centre de la place. Vendeurs et acheteurs y marchandaient à haute voix tant en français qu'en anglais et les Indiennes étalaient leurs colifichets parmi l'abondance de gibier fraîchement tué. Les officiers de la garnison anglaise n'en revenaient pas du spectacle saugrenu des cochons reposant sur leurs pattes, gelés raide, ou des poissons se tenant sur leur tête.

A droite, on aperçoit la structure imposante de la Basilique de Québec dont la construction commencée en 1647 fut terminée en 1925. Plus de cinq cents colons y furent ensevelis, dont l'illustre Frontenac.

looking up rue de la Fabrique, Quebec City, P.Q.

Bobby Atkinson

16

L'Ange-Gardien

As old as the foundation of French Canada, this quiet village ten miles south of Quebec dates to the early 1600's. Isolated and vulnerable to the Iroquois, early settlers labored their fields with shotguns at the ready. Their staff of life was coarse brown bread, as potatoes were as yet unknown.

A young pioneer, Jean Trudelle, settled here with his wife in 1657; he had twelve healthy children, and in 1929 his descendants numbered over five thousand. Today, a stroll through the village reveals fine examples of Norman-inspired houses with brightly painted, steep tin roofs and roomy, welcoming balconies.

L'Ange-Gardien

Datant de la fondation du Canada français, ce village tranquille, situé à dix milles au sud de Québec, remonte au début des années 1600. Isolés et vivant sous la menace des Iroquois, les premiers colons labouraient leurs champs, le fusil à portée de la main. Leur vie était rude et le pain bis consistait leur nourriture principale, la pomme de terre n'étant pas encore connue.

L'un de ces colons, Jean Trudelle, s'établit dans le village, avec sa jeune femme, en 1657. Ils eurent douze enfants en bonne santé et, en 1929, ses descendants se chiffraient à plus de cinq mille. Aujourd'hui, une promenade dans le village révèle de bons exemples de maisons d'inspiration normande, aux couleurs vives, à toits en fer-blanc, entourées de galeries spacieuses et accueillantes.

L'ANGE-GARDIEN, P.Q.

Bobby Atkinson '74

17

Château-Richer

The oldest parish south of Quebec, Château-Richer bequeathed a celebrated citizen to Canada. In the late 17th century, Monseigneur Laval confirmed a young man who was to discover the Mississippi, Louis Jolliet.

Local legends claim the village obtained its name in this unorthodox manner: one of its first inhabitants, a Monsieur Richer, carved his domicile out of a gigantic tree trunk. In derision, fellow settlers dubbed his rustic house 'Château-Richer'. A more credible version is that it was named after the priory of Château Richer in France. Originally, all the village houses were built with the plentiful local stone. Today, a surprising number of century-old wood or stone houses have survived unmarred on the small town's sleepy slopes.

Château-Richer

Cette vieille paroisse au sud de la ville de Québec nous a donné un citoyen célèbre. En effet, à la fin du 17e siècle, Monseigneur de Laval donnait la confirmation à un jeune homme qui devait plus tard découvrir le Mississipi, Louis Jolliet.

D'où vient ce nom de Château-Richer? Les légendes locales racontent l'histoire peu orthodoxe qui suit. L'un des premiers habitants du village, un monsieur Richer, avait sculpté sa maison à même un immense tronc d'arbre. Pour se moquer de lui, les autres colons du village nommèrent «Château Richer» cette maison rustique. Une version plus vraisemblable rapporte que ce nom a été donné au village d'après le prieuré du Château Richer en France. A l'origine, toutes les maisons du village étaient construites en pierres provenant d'une carrière voisine. Encore aujourd'hui, il existe beaucoup de vieilles maisons de pierre ou de bois en bon état qui longent les rues étroites et escarpées.

ATEAU RICHER, Que.

Bobby Atkinson

39

18

Saint-Irénée

At the foot of the Saint-Joachim hills lies the quiet village of Saint-Irénée. The topography of the area is a direct result of the violent earthquake of 1663, which exploded the entire countryside from Les Eboulements to Tadoussac. 32 violent shocks terrified the little population for 7 long months. Les Eboulements, literally translated, means the Landslide of Tumbled Down Country. Small hills were completely levelled, the entire face of mountains crashed into the St. Lawrence River, and new lakes were formed.

This view of typical Charlevoix County rolling hills includes an abandonned buckboard carriage, or buggy. This was the form of transportation from farm to village for the family, all attired in their Sunday best for Mass or Feast Day celebrations.

Saint-Irénée

Au pied des collines de Saint-Joachim se niche le village tranquille de Saint-Irénée. La topographie de cette région est le résultat du violent tremblement de terre de 1663 qui transforma tout le paysage depuis Les Eboulements jusqu'à Tadoussac. Trente-deux secousses terribles semèrent l'effroi dans la population pendant sept longs mois. Le nom «Les Eboulements» rappelle cet événement. De petites collines furent complètement aplanies, des pans entiers de montagnes s'engouffrèrent dans le fleuve Saint-Laurent et de nouveaux lacs se formèrent.

Le chariot abandonné qui apparaît dans ce paysage vallonné typique du comté de Charlevoix, servait autrefois de moyen de transport à toute la famille. On s'en servait, vêtu de ses plus beaux atours, pour se rendre à la messe du dimanche ou aux fêtes du village.

HILLSIDE, ST. IRENEE, P.Q.

Bobby Atkinson '72

19

Bhérer's Barn, Cap-à-l'Aigle

One of the finest examples of Norman-inspired barns in Quebec today. Known as the Bhérer barn, after its builder of German origin, it could be nearly 200 years old. The original thatched roof was eventually replaced by the more practical cedar shingles.

Situated near a village perched high on the North Shore of the St. Lawrence, it was named Cap-à-l'Aigle by Champlain in 1608. When he first saw its steep cliffs from the river, he surmised the lofty situation was the home of the eagles.

La ferme Bhérer, Cap-à-l'Aigle

C'est l'un des plus beaux exemples de fermes d'inspiration normande qui existent encore au Québec. Connue sous le nom de ferme Bhérer, d'après son constructeur d'origine allemande, elle pourrait avoir près de 200 ans. Le toit de chaume original a été remplacé par des bardeaux de cèdre.

Elle est située près d'un village escarpé de la rive nord du Saint-Laurent, nommé Cap-à-l'Aigle par Champlain en 1608. En apercevant du fleuve les hautes falaises, il imagina que ces hauteurs pouvaient servir de refuge aux aigles.

HONORÉ BHÉRER'S BARN
CAP À L'AIGLE, P.Q.

Bobby Atkinson '71

20 Goélette at Bic

Formerly a wonderful sight along the St. Lawrence River; the majestic, indispensable Goélette in full sail. For over half a century, this schooner, later motorized, was the vital form of freight transportation, able to carry 100 or more tons of cargo. Entire families lived on these boats from April through December, or as long as the waters were navigable.

The St. Lawrence River was affectionately called 'Le Chemin du Bon Dieu'. The expression originated when roads were non-existent, and the river was like a godsend to the isolated pioneers. Sketched near the small village of Bic in Rimouski County, this proud old Goélette, long since abandonned, is a fitting conclusion to 'Québec Nostalgie.'

Goélette au Bic

Autrefois, il était familier de voir voguer les goélettes sur le Saint-Laurent, toutes voiles dehors. Pendant plus d'un demi-siècle, ce fut un moyen de transport vital. Plus tard, lorsqu'elles furent motorisées, les goélettes pouvaient transporter des centaines de tonne et plus de cargaison. Des familles entières vivaient sur ces bateaux tant que les eaux du fleuve étaient navigables. Le Saint-Laurent était leur cadre de vie, d'où son surnom évocateur de «chemin du Bon Dieu».

Aujourd'hui, il reste peut-être une demi-douzaine de goélettes en service. Cette goélette, abandonnée depuis longtemps, a été peinte près du petit village de Bic, dans le comté de Rimouski. Elle convient, on ne peut mieux, pour mettre le point final à «Québec Nostalgie».

Ste Gemma

BIC. P.Q.   Bobby Atkinson '73.

45

ACKNOWLEDGEMENTS

Appreciation and thanks are extended to the following owners of sketches loaned for the purposes of reproduction in this book.

REMERCIEMENTS

Nous tenons à remercier les collectionneurs qui ont eu la bienveillance de prêter leurs tableaux pour reproduction dans ce livre.

1.	Sugar Shack, Saint-Janvier	Mr. Robert N. Cockfield
2.	Terrebonne Church	Mr. & Mrs. David Knight
3.	Terrebonne	Mr. & Ms. J. Petit
4.	Hamilton Farm	Mr. Robert N. Cockfield
5.	Hamilton Express Wagon, Rosemere	Mr. & Mrs. Patrick J. Robertson
6.	Saint-Paul St., looking East, Montreal	Mr. & Mrs. George Cross
7.	Place Jacques-Cartier, Montreal	Dr. & Mrs. John Burgess
9.	Napoléon St., Montreal	Mr. & Mrs. Seymour Mendelman
10.	Reflections, Coloniale Ave., Montreal	Mr. & Mrs. John D. Glen
11.	Prince of Wales Terrace, Montreal	Mr. & Mrs. Donald C. Miller
12.	Ways Mill, Eastern Townships	Mr. & Mrs. Colin Patch
16.	L'Ange-Gardien	Mr. & Mrs. J. Philip Capreol
19.	Bhérer's Barn, Cap-à-l'Aigle	Mr. & Mrs. Philip H. Robb
20.	Goélette at Bic	Mr. & Mrs. E. Alan Gordon

The remainder are in the collection of the artist.
Les autres tableaux font partie de la collection de l'artiste.

BIBLIOGRAPHY
BIBLIOGRAPHIE

Angus, Alexander D. — *Old Quebec,* Louis Carrier, Montreal, 1949

Arthur, Eric, and Dudley Witney — *The Barn,* McClelland & Stewart, Toronto, 1972

Boivin, Curé Léonce — *Dans nos Montagnes,* Charlevoix, 1942

Borthwick, Rev. Douglas — *A History of Montreal,* Gallagher, Montreal, 1897

Buies, A. — *Récits de Voyages,* Darveau, Québec, 1890

Lieut. Carlisle and Lieut.-Col. Martindale — *Recollections of Canada 1873,* Chapman & Hall, London, 1873

Casgrain, Abbé René-Edouard — *Histoire de la Paroisse de l'Ange-Gardien,* Dussault, Québec, 1902

Collard, Edgar A. — *Call Back Yesterdays,* Longmans, Green & Co., Toronto, 1955
— *Canadian Yesterdays,* Longmans, Green & Co., Don Mills, 1971

Canadian Geographical Journal, Volume LXXXIV

De Volpi, Charles P. — *Montreal, A Pictorial Record,* Dev-Sco Publications, Montreal, 1963
— *Quebec, A Pictorial Record,* Longman Canada, Don Mills, 1971

Encyclopaedia Canadiana, The Canadiana Company Limited, Ottawa, 1968

Exploring Montreal, Montreal Society of Architecture in affiliation with Greey de Pencier Publications, Toronto, 1974

Gareau, Abbé Charles A. — *Aperçu Historique de Terrebonne,* Imprimerie des "Sourds-Muets," Terrebonne, 1927

Guillet, Edwin C. — *Early Life in Upper Canada,* Ontario Publishing Co., Toronto, 1933

How Our Streets Got Their Names, Montreal City Planning Department, Montreal, 1961

Jenkins, Kathleen — *Montreal - Island City of the St. Lawrence,* Doubleday, Garden City, N.Y., 1966

LeMoyne, J.M. — *Quebec, Its Gates and Environs,* C. Darveau, Quebec, 1890

Lower, A.M. — *Canada, a Nation,* Longmans, Green & Company, Canada, 1948

MacPherson, Mrs Daniel — *Old Memories, Amusing and Historical,* Lovell, Montreal, 1890

Moreau, Luc d'Iberville — *Lost Montreal,* Oxford University Press, Toronto, 1975

Oakley, Amy — *Kaleidoscopic Quebec,* Longmans, Green, New York, 1952

Palardy, Jean — *The Early Furniture of French Canada,* Macmillan, Toronto, 1963

Percival, W.P. — *The Lure of Quebec,* Ryerson Press, Toronto, 1965

Potvin, Damase — *The Saguenay Trip,* Canada Steamship Lines, Montreal

Stevens, G.R., O.B.E. — *Ogilvie in Canada, Pioneer Millers,* Ogilvie Flour Mills Co., Montreal, 1951

Sur les Routes de Quebec, Ministère de la Voierie et des Mines, Bureau Provincial de Tourisme, Canada, 1929

Trépanier, Léon — *Les Rues du Vieux Montréal - au fil du temps,* Editions Fides, Ottawa, 1968

Wilson, R.D. and Eric McLean — *The Living Past of Montreal,* McGill University Press, Montreal, 1964

Designed by
Maquette par William Bayley

Printed in Canada by
Imprimé au Canada par
Richardson, Bond & Wright Ltd.